LES PRUSSIENS A MONTMORENCY.

JOURNAL

d'un prisonnier de guerre des Prussiens,

pendant la campagne (1870 - 1871)

Par Paul LECLAIRE

SAPEUR-POMPIER DE LA COMMUNE DE SOISY-S-MONTMORENCY

Imprimerie J. HUARD à Montmorency.

Ce manuscrit doit être remis à ma femme,
si je viens à mourir pendant ma captivité.

Je me nomme Paul François LECLAIRE, né le 24 Février 1823 à Avize, chef-lieu de canton de l'arrondissement d'Epernay, département de la Marne ; demeurant actuellement à Soisy, canton de Montmorency, arrondissement de Pontoise, département de Seine-et-Oise.

Ma femme se nomme Rose Anne PAILLARD, née le 28 Janvier 1824 à Avize, chef-lieu de canton de l'arrondissement d'Epernay, département de la Marne ; demeurant actuellement à Soisy, canton de Montmorency, arrondissement de Pontoise, département de Seine-et-Oise.

MON JOURNAL

Le 19 Septembre 1870, me trouvant dans la forêt de Montmorency, et m'amusant, n'ayant rien autre chose à faire, à cueillir des noisettes, j'entends comme un frottement dans les buissons voisins; je me retourne sur la droite, et je me trouve en face d'un soldat Prussien que je voyais pour la premèire fois; je me retourne de l'autre côté, il y en avait encore un. Je suis pris, impossible de leur échapper. Ils me conduisent au chef du poste qui me parle en allemand, langage que je ne comprends pas. Voyant que je ne lui répondais pas, il me fait conduire dans la plaine de Moisselles en présence du général en chef, qui m'interroge en mauvais français, mais que je comprends assez pour pouvoir lui répondre; après quoi, il ordonne qu'on me fouille, et n'ayant rien trouvé sur moi qui pût compromettre leur sûreté, il me dit de rester là, et que si je bouge il donne l'ordre à mes deux gardiens de me fusiller. Je reste donc là sur le bord d'un ravin, où je vois défiler devant moi environ deux cent mille soldats d'infanterie, de cavalerie et d'artillerie. Enfin, au bout de trois heures, mes gardiens me font signe que je suis libre.

Mais que de tristes pensées sont venues surgir dans ma tête pendant ces trois heures! je pensais à ma femme qui pouvait devenir veuve au moindre mouvement que j'aurais fait pour me sauver, sans savoir où retrouver mon cadavre; car ce jour-là, contre mon habitude, je n'avais aucun papier qui pût prouver mon identité.

Enfin je suis mis en liberté, et une heure après je suis chez moi auprès de ma femme, à qui je raconte ce que je viens de voir; elle n'avait qu'un regret, c'était de n'être pas avec moi, pour me tenir compagnie et voir nos ennemis. Je la console en lui disant que j'allais lui faire voir leur entrée dans Montmorency.

Après avoir mangé une bouchée, nous montons à Montmorency, et je lui fais voir les Prussiens qui défilent dans la ville; et puis nous redescendons chez nous pour garder notre maison en cas d'invasion. Nous étions à peine arrivés, que les troupes Prussiennes envahissent la vallée, et le lendemain, 20 Septembre, elles se rendent maîtresses des maisons non habitées, en cassant et brisant les portes et faisant perquisition partout, volant et brisant tout ce qu'elles trouvent. Pour les maisons habitées, elles n'ont pas eu à souffrir de leur présence; mais nous étions prisonniers dans nos demeures, nous ne pouvions pas circuler sans un permis de circulation signé du commandant de place; nous allions nous voir exposés à mourir de faim sans la bonté des autorités civiles de la ville de Montmorency, qui ont bien voulu nous vendre du pain quoique n'étant pas habitants de la ville; enfin je ne puis que remercier MM. Rey de Foresta maire, Huard adjoint, Levavasseur receveur de l'enregistrement et des domaines, et Me Girard notaire, qui m'ont rendu les plus grands services dans le présent et dans la suite de mes infortunes; car ce n'est pas tout ce que j'ai souffert, comme vous le verrez dans la suite de mon récit.

Le 12 Octobre, le commandant de place de Soisy à pris notre détresse en pitié, et a fait délivrer à tous.

les habitants qui n'avaient pas abandonné leurs maisons, (et nous étions 57, tant hommes que femmes et enfants sur 500 habitants de Soisy) une demi livre de mauvais pain de Prusse par jour et par habitant, et nous allions le chercher tous les deux jours en allant à la messe, car il fallait se mettre en bons rapports avec M. le Curé qui était le distributeur de M' le commandant de place. Le 19 Octobre, comme les fontaines étaient encore arrêtées (car les Prussiens en avaient brisé les portes, croyant trouver autre chose que de l'eau), j'allai remettre les robinets des regards en état, et pour cela je traversai le tir à la cible des Prussiens. Le capitaine me fit signe d'approcher, et quand je fus près de lui, il me demanda si je voulais tirer un coup de fusil. Je lui répondis que je ne demandais pas mieux, et il me chargea lui-même deux fusils que je tirai de suite. Par extraordinaire, je n'avais jamais si bien tiré, aussi le capitaine me dit-il: « Vous, mossié, vous avoir été soldat? —Je lui répondis que non, —« Oh! vous savoir trop bien tirer pour pas avoir été soldat? —Je lui dis encore que non, que je n'avais jamais été soldat, mais que j'étais sapeur-pompier, — « Ah! vous, mossié, vous pompier, vous tirez donc tous les Dimanches pour savoir si bien tirer? — Non, nous ne tirons à la cible qu'une fois tous les ans à la fête de sa majesté l'Empereur. —« Oh! crois pas vous, vous avoir été soldat, vous pas vouloir lé dire.— Je les laissai continuer leur exercice, et je m'en retournai chez moi, car il ne fallait pas les fréquenter pour être à peu près bien avec eux.

Enfin le 18 Décembre, jour à jamais mémorable pour moi, au retour de la messe je trouve en entrant chez moi douze soldats et trois gendarmes Prussiens en train de tout culbuter. Ma femme est au milieu d'eux toute tremblante, la vue égarée, ne sachant que faire ni que devenir. Enfin me voyant arriver au milieu de tout ce désordre, elle veut accourir dans mes bras; mais les soldats nous séparent, et me demandent si je suis le propriétaire de la maison. Je leur répondis que oui. Là-dessus ils se saisissent de moi et me montrent un fusil à percussion, un ceinturon garni de son poignard et de sa giberne, dans laquelle se trouvent trois paquets de cartouches, deux sabres, deux épées, deux casques, l'un en cuivre et l'autre en fer poli, ma tunique et mon pantalon de grande tenue, et ma petite tenue complète, tels que veste, pantalon et ceinture. M'ayant demandé si le tout m'appartenait, je leur répondis encore que oui. Sur cette réponse, ils me prient de les suivre, en ayant la barbarie de me faire porter mes habits; puis eux - mêmes ayant pris mes armes, nous montons à Montmorency. Un des gendarmes me faisant retourner derrière moi, me montre un homme en me disant: Mossié, voyez-vous un mossié là-bas? —Je lui répondis: Oui, c'est un voisin qui rentre chez lui (ce voisin était Dumont), et il ne me dit plus rien.

Ils me conduisent chez le commandant de place: arrivés-là, ils déposent mes armes sur une table qui se trouvait dans la salle. Le commandant et les officiers présents prennent mes armes, les examinent avec la plus grande attention, et, les ayant trouvées dans le plus parfait état de propreté, le commandant me demande comment ces armes étaient en ma possession. Je lui répondis que j'étais sapeur-pompier; là-dessus il me fait conduire en prison. Ma prison se trouve dans une maison, située avenue Emilie, et portant le n° 3; je suis logé au 3ᵐᵉ étage, dans une chambre ayant vue sur la rue et n'étant meublée que d'une mauvaise paillasse, dont la paille est toute brisée et dont la toile est toute maculée de graisse et de boue; voilà pour me coucher la nuit et m'asseoir le jour. Cette maison a reçu à la fenêtre du milieu du 2ᵐᵉ étage le premier obus envoyé par les Français du fort de la Briche à St-Denis.

A midi on introduit dans ma chambre trois prisonniers, un soldat Prussien et deux habitants de Montmorency; on nous apporte à manger de la soupe au bœuf avec du riz et des pommes de terre, dans un seau ayant servi avant la guerre à contenir les ordures d'un cabinet de toilette, puis un morceau de pain noir; et quand notre repas a été terminé, mes trois compagnons d'infortune m'ont quitté pour retourner dans leur chambre. Me voilà donc abandonné à moi-même, sans pouvoir communiquer avec personne du dehors, ni donner de mes nouvelles à ma femme, que j'ai laissée dans la plus grande inquiétude et sans savoir ce que nous allions devenir l'un et l'autre. La nuit arrive, je n'ai point de feu pour réchauffer mes membres engourdis par la souffrance morale et par le froid. Mes ignobles bourreaux auraient pourtant bien pu m'en donner, car ils n'en manquaient pas, eux qui brûlaient les parquets, les persiennes, les portes, les commodes, les secrétaires et autres meubles, brisaient les glaces pour en avoir le bois, et arrachaient les lambris. Je suis donc forcé de me coucher sur le grabat de la prison, en demandant à Dieu de veiller sur ma femme et de la protéger contre mes ennemis. J'ai eu la pensée de me sauver; je le pouvais facilement: je démonte la serrure de ma porte avec mon couteau, je suis sur le carré de l'escalier, je n'ai plus qu'à descendre et je suis libre; mais où aller? -Chez moi? je serai repris dehors? les Prussiens établiront un poste chez moi, ma femme sera obligée de se sauver, ou ils la garderont prisonnière jusqu'à ce que je sois retrouvé. Ma foi, pour moi advienne que pourra. Je rentre dans ma chambre, je remonte la serrure, et me voilà de nouveau prisonnier; mais ma femme ne sera pas inquiétée.

Là j'ai passé la plus mauvaise nuit, parce que je ne m'attendais pas à en passer ensuite un si grand nombre. Que de tristes pensées vinrent troubler mon sommeil agité par des songes affreux! Enfin le jour commence à paraître; je me lève et me promène dans ma chambre pour me réchauffer, mes dents claquent à briser ma mâchoire.

Un instant après, la porte de ma chambre s'ouvre et livre passage à mon gardien, m'apportant du café, dans un broc de cabinet de toilette, mais qu'il m'a servi dans un grand verre, et que j'ai bu avec plaisir parcequ'il m'a paru bien bon malgré son exécrable odeur; cela m'a réchauffé un peu. A huit heures du matin un officier vint prendre mes noms, après quoi il me dit; « Vous, mossié, vous avoir été vendu. » Ces paroles me rappellent le voisin que le gendarme m'avait montré la veille et que je crois être mon dénonciateur, parce que moi, étant libre, il ne pouvait pas trop faire ce qu'il voulait; car c'était un voleur et souvent je lui disais qu'il ne faisait pas bien. A dix heures on vient prendre les deux prisonniers civils qui avaient dîné la veille avec moi; on les conduit devant le conseil de guerre qui est permanent; ils y restent deux heures environ; puis ils reviennent et paraissent très abattus. Le gardien me fait comprendre que l'un d'eux doit être fusillé; et en effet, à trois heures de l'après-midi on introduit M. le Curé de Montmorency dans la chambre du pauvre condamné, et à quatre heures les hommes qui doivent exécuter la triste sentence sont arrivés devant la prison. Le carré se forme et attend que le condamné soit descendu; quelques minutes après, je le vois arriver au milieu d'eux soutenu par M. le Curé, et ils partent pour le lieu du supplice. Voila donc le sort qui m'attend, me disais-je, car je n'ai rien à espérer d'eux, et je ne connais personne qui puisse venir à mon secours; je ne puis pas même voir ma femme, à qui j'aurais voulu donner des consolations sur ma triste position; ce bonheur-là m'était refusé. Je n'ai pu voir et entendre par ma fenêtre que quelques mots prononcés par M. l'Adjoint de Montmorency qui me dit que mon affaire allait s'éclaircir; ces paroles me donnent de l'espoir et me font penser que les autorités de Montmorency prenaient mon infortune en pitié, et que l'on aurait soin de ma femme si je venais à succomber dans mon malheur.

Le 20, j'ai été conduit devant le Conseil de guerre, qui m'a fait subir un interrogatoire; j'ai répondu avec la plus grande fermeté à toutes les questions qu'il m'a faites, et dont voici la traduction très-exacte que je reproduis par demandes et réponses, telles quelles m'ont été adressées par M. le Président.

Pour me donner du courage, il commence par ces mots: « Vous savez, mossié, que nous en avons fait fusiller un hier. » A quoi je répondis que je l'avais vu partir.—Je vous engage à dire la vérité sur les questions que je vais vous faire.

Demande. Pourquoi aviez-vous ces armes chez vous ?

Réponse. Je suis Sapeur-Pompier.

D. Pourquoi avez-vous gardé vos armes chez vous, tandis que les autres Pompiers n'avaient pas les leurs chez eux.

R. Vous n'avez pas trouvé leurs armes chez eux parce que, à l'exemple des autorités civiles de.....
..................qui ont fui comme des lâches, (car pour moi celui qui abandonne son pays en temps de calamité et de guerre est un lâche et un traître à la patrie) ils se sont sauvés en abandonnant leurs armes, qui ont été trouvées et brisées par vos soldats arrivés les premiers; voilà pourquoi vous n'avez rien trouvé chez eux.

D. Vous avez trois paquets de cartouches qui ne sont pas des cartouches de Pompiers ?

R. Non, ce sont des cartouches du 34ᵉ de ligne.

D. Nous le voyons bien; mais le 34ᵉ de ligne n'est pas ici, Comment vous les êtes-vous procurées ?

R. Je les possède depuis le 15 Août 1863.

D. Vous étiez donc soldat en 1863 ?

R. Non je n'ai jamais été soldat.

D. Comment se fait-il que vous ayez des cartouches du gouvernement n'ayant jamais été soldat ?

R. A l'accasion de la fête de S. M. l'Empereur j'étais allé le 15 Août voir mon cousin au camp de Châlons (mon pays), et ce cousin était Sergent Major au 34ᵉ de ligne; je lui ai demandé s'il pouvait me donné des cartouches, car j'étais déjà Pompier, et il m'a donné ces trois paquets de cartouches qne j'ai gardés jusqu'à présent.

D. Il y a longtemps que vous êtes Pompier ?

R. J'ai vingt-deux ans de service.

D. Depuis combien de temps êtes-vous à Soisy ?

R. Depuis Novembre 1867.

D. Depuis quelle époque avez-vous quitté votre pays?

R. Depuis Mars 1867.

D. Où avez-vous été entre Mars et Novembre ?

R. Je suis resté six mois à Villiers-le-Bel.

D. Ét que fait maintenant votre cousin le Sergent Major du 34° de ligne ?

R. Si vous ne l'avez pas tué, il est Sous-Lieutenant au 37° de ligne.

D. Comment se nomme-t-il ?

R. Il se nomme Paulin Leclaire. (Aussitôt le Président prend un grand livre, cherche et finit par trouver le nom de Leclaire Paulin, et se tournant vers son conseil, il lui dit: Oui, c'est bien le même nom.

En entendant prononcer ces mots, un obus aurait éclaté près de moi, que je n'aurais pas été plus saisi, en voyant qu'ils avaient tous les noms de nos officiers français.

D. Mais, si vous aviez réellement ces cartouches quand vous avez quitté votre pays, comment et par quelle voie êtes-vous venu, vous et votre mobilier ?

R. Pour mon mobilier, j'avais fait venir une voiture à deux chevaux de la maison Bailly et Cie; la voiture chargée, il me restait encore 700 kilog. de bagages que j'ai mis au roulage de M. Luzani d'Epernay; quant à moi, j'ai pris le chemin de fer.

D. Et vous n'avez pas craint de surcharger votre bagage en emportant des cartouches?

R. Je n'ai jamais songé à cela, car pour moi c'était un souvenir.

D. Mais, puisque c'est comme souvenir que vous les gardiez, comment se fait-il qu'elles étaient dans votre giberne?

R. Elles étaient dans ma giberne, parce que, environ quinze jours avant votre arrivée j'ai été de garde à Enghien, et, comme vous le savez, quand on est de service, il faut être armé; j'avais pris mes cartouches.

D. Oui, mais s'il vous avait fallu les brûler, vous ne les auriez plus?

R. Je ne les ai pas brûlées, et je ne les ai plus puisque vous les avez; mais s'il avait fallu les brûler, comme elles appartenaient de droit au Gouvernement, je les aurais brûlées pour lui.

D. Parmi vos armes, vous avez un sabre étranger qui coupe mieux que les nôtres, pourquoi?

R. Oui, mon sabre est étranger; c'est un sabre russe, et il coupe mieux que les vôtres, dont vous vous servez tous les jours; le mien, je ne m'en suis jamais servi, mais je l'ai fait couper en 1848, et je l'ai conservé depuis dans cet état.

D. Et pourquoi l'avez-vous fait couper en 1848?

R. Parce que, en Juin, la France en danger demandait aux hommes d'ordre du secours, et je suis parti comme volontaire pour Paris, moi comme tant d'autres, avec ce que nous avions d'armes. C'est à cette occasion que je l'ai fait couper, et je l'ai conservé dans cet état jusqu'à ce jour, attendu que ce n'était pas mon sabre d'ordonnance.

D. Mais, est-ce que votre fusil, vos cartouches et votre sabre n'étaient pas préparés à notre intention?

R. Si mes armes avaient été préparées à votre intention, elles n'auraient pas été cachées, et mon fusil n'aurait pas été dans l'état de propreté où vous l'avez trouvé, il aurait été chargé.

D. Mais avec quoi auriez-vous fait partir votre fusil, nous n'avons pas trouvé de capsules chez vous?

R. Raison de plus pour ne pas croire que ces armes aient été préparées pour et contre vous, puisque je ne possédais pas de quoi faire partir mon fusil.

D. Oui, en effet, je vois que vous tenez à la propreté de vos armes; mais, dites-moi, vous savez lire et vous n'êtes pas aveugle; vous avez vu à tous les coins de rues de Montmorency des affiches qui ordonnaient aux détenteurs d'armes de les porter à la Mairie; pourquoi ne l'avez-vous pas fait?

R. Je ne l'ai pas fait, et je ne me suis pas rendu à l'appel que vous avez fait par la voie des affiches, par ce que 1° mon fusil m'avait été confié par le gouvernement français, et que ce n'est qu'à lui que je devais le rendre; 2° parce que cet ordre n'était affiché qu'à Montmorency, et je ne suis pas habitant de Montmorency; 3° comme le commandant de Soisy dont je suis habitant n'a rien demandé, j'ai cru devoir ne rien vous donner, n'étant pas sous le même commandement.

Je vis aussitôt un officier qui était à la droite du Président du conseil se lever et parler en Allemand aux autres membres, et j'ai cru comprendre que je n'était pas dans mon tort; aussi le Président ne me fit plus de questions, et, après m'avoir traduit en Français la déposition que je venais de faire et me l'avoir fait signer, il me dit: Mossié, on va vous remmener, et il ne vous arrivera rien de fâcheux, et puis vous avez été dénoncé par un de vos voisins.— Je ne sais pas ce qu'il entendit par ces mots, **rien de fâcheux**; il est si agréable d'être enfermé dans une prison. Enfin le 21, à sept heures du matin, on vient ouvrir la porte de ma chambre, et celle du prisonnier dont le camarade avait été fusillé la veille; nous croyons que c'est notre liberté qu'on nous donne. Je suis content et si heureux que je laisse sous ma paillasse environ deux livres de pain. Je vais rentrer chez moi et embrasser ma femme, qui a dû bien souffrir pendant ces 3 jours de captivité et de souffrance ! Mais, malheur et illusion !!! une escouade de soldats, quatre hommes et un caporal, attendaient à la porte; ils ont le fusil chargé, et nous disent de les suivre. Ils nous conduisent à la gare de Gonesse pour aller de là à Soissons. En arrivant à la gare, le commandant de Gonesse nous reçoit le pistolet sous le nez, en nous traitant de brigands, de francs-tireurs; son doigt est sur la détente de son pistolet. J'entrevois ma dernière heure, mais je ne bronche pas d'une semelle, et je me recommande à Dieu. On finit par nous introduire dans le poste; le caporal de notre escouade nous fait faire place auprès du feu pour nous réchauffer; nous restons à peine deux minutes à nous chauffer, quand le commandant entre furieux au poste, et, nous voyant auprès du feu, ne se possède plus, tant la colère et la rage l'étouffent, et à coups de fourreau de sabre il nous force d'aller nous étendre sur la paille. Avant d'arriver à la gare, nous avions été interpellés ironiquement par des ouvriers Français qui travaillaient sur la route; ils avaient l'air d'être satisfaits de notre malheur; mais le bon Dieu ne leur a pas laissé cette jouissance, car à peine dix minutes se sont-elles écoulées, qu'ils arrivent au poste tout ensanglantés, au nombre de trois; l'un, le garde-champêtre de Villiers-le-Bel, avait six coups de sabre sur la tête et un au coude du bras gauche, ses deux camarades étaient tout meurtris de coups de bâton et de coups de poing. Le garde-champêtre avait perdu dans la bataille sa casquette et ses sabots. En les voyant arriver ainsi, je remerciai Dieu de n'avoir pas été maltraité comeux.

A dix heures on nous fait monter en wagon et

partir pour Soissons, mais quel wagon ! ce n'est pas un wagon de première classe, comme vous devez bien le penser, mais un wagon à bestiaux dont les parois sont couvertes de leur fiente, pas de bancs, pas de paille pour pouvoir nous asseoir ou nous coucher; puis il faisait un froid si glacial. Nous sommes obligés de sauter pour empêcher nos pieds de s'engourdir. Enfin, après bien des haltes de longue durée dans les stations, nous arrivons à neuf heures du soir à la gare de Soissons, pouvant à peine nous soutenir, tant à cause du froid que des privations de la journée (nous n'avions pas mangé depuis la veille au soir,) la soif nous dévorait. Enfin nous arrivons à la prison, où le gardien nous donne sur ma demande un morc eau de pain pour apaiser notre faim, et de l'eau pour étancher notre soif. Nous nous couchons; mais nous ne pouvons dormir tant le froid nous avait engourdis; quant à moi, les réflexions que je faisais sur l'avenir et sur la triste position où j'avais laissé ma pauvre femme, qui ne sait plus où je suis.

Nous étions arrivés à la prison de Soissons au nombre de 55 hommes, tant civils que militaires, et une femme; à six heures du matin le gardien vient nous dire de nous lever et de nous tenir prêts à partir pour la Prusse. Notre toilette est bientôt faite; qand on se couche tout habillé, on ne cherche pas après ses habits. Nous descendons, on nous donne à chacun une livre et demie de pain, et nous voilà partis pour la gare. Le chef de gare Prussien fait l'appel des prisonniers, nous ne faisions pas partie de ceux qui devaient partir; on nous ramène à la prison, d'où nous ne devons plus sortir que pour notre liberté ou la mort.

A dix heures on sonne la cloche pour la distribution de la soupe, qu'on nous donne dans des gamelles en étain, avec une cuillière toute rouillée et dont le manche est coupé (je vous dirai pourquoi plus tard); la soupe n'est pas trop mauvaise, mais elle est faite à la potasse, à cause de l'eau qui ne peut pas faire cuire les légumes, ce qui lui donne un goût très détestable et qui occasionne une toux opiniâtre et nous fait horriblement souffrir. Enfin, je suis reclus dans la prison civile et criminelle de Soissons, ayant pour camarades, outre mes compagnons d'infortune, qui sont comme moi prisonniers de guerre, cinq voleurs, un braconnier, un assassin et un incendiaire: voilà la société que MM. les gardiens de la prison, qui sont Français, nous ont donnée: quelle triste compagnie que tous ces hommes dégradés et rejetés du sein de la société! Il faut être là, avec eux, et entendre leurs propos grossiers, leurs paroles obcènes, pour savoir que l'on ne fait plus partie de notre belle société libre et vivante; car, ici, on est enterré tout vivant, et si par hazard on a un instant de vie, ce n'est que pour souffrir la présence des gardiens qui, comme je le disais plus haut, sont des Français, et qui sont pires que les êtres dégradés dont je viens de parler.

Voici l'ordinaire et les habitudes de la prison: à sept heures du matin on sonne la cloche pour se lever; on fait son lit qui n'est pas bien difficile à faire, car c'est tout simplement une toile qui est fixée au mur, et vient se boucler par les pieds à un banc qui tient toute la longueur du dortoir; on la déboucle le matin pour la dresser le long du mur; il y a sur cette toile une mauvaise paillasse et deux couvertures; quand les lits sont faits, et ils sont au nombre de vingt dans notre chambre, le porte-clefs qui se nomme M. Hémont, vient nous ouvrir; nous descendons dans la cour et nous attendons qu'il nous donne notre provision de bois et de charbon. qui est en temps de paix de quinze kilog par jour, et que depuis la guerre on a réduite, à quatre kilog, pour chauffer quarante hommes et une salle de cinq mètres carrés sur quatre mètres de haut. A neuf heures on fait la prière et puis on fait la distribution du pain; sept cent cinquante grammes par homme et par jour; et quel pain! du pain fait avec je ne sais quelle farine plein de crottes de souris et de rats, des vers morts quand le pain est nouveau, et des vers vivants quand il est vieux,(on n'en fait que tous les quinze jours); du plâtre et autres matières semblables, (le boulanger de la prison se nomme Cléry); le pain de la prison est fendu en quatre, parce que les prisonniers civils n'ont pas de couteaux. A dix heures on sonne la cloche pour la soupe qui est servie dans des gamelles en étain (comme je l'ai déjà dit); c'est un composé d'eau, d'un peu de pommes de terre, et environ vingt grammes de pain blanc; on la mange avec des cuillères dont les manches sont coupés par la moitié, à cause des prisonniers qui, avec la queue, font des couteaux en les aiguisant sur le pavé de la cour; à quatre heures on sonne derechef; c'est encore pour la soupe, la même que le matin; à cinq heures, on sonne, on fait la prière et l'on monte se coucher, pour se lever le lendemain à sept heures: voilà l'ordinaire de la semaine. Le Dimanche on se lève à la même heure; à huit heures on va à la messe, qui se dit dans la chapelle de la prison; après la messe on donne le pain; à onze heures, la soupe soi-disant grasse, avec quarante grammes de pain blanc; à quatre heures on donne ce que l'on appelle le rata, qui n'est qu'une détestable purée de pommes de terre, avec environ vingt grammes de mauvaise viande qui a servi à faire la soupe du matin: voilà pour tous les Dimanches. Enfin, on ne nous donne que le stricte nécessaire pour nous empêcher de mourir de faim et pas assez pour vivre, et pourtant les Prussiens payaient, à l'administration de la prison, tenue par les Français, un franc cinq centimes par jour pour chaque homme; heureusement que nous avons des soldats Prussiens qui sont aussi prisonniers à la salle de police, et qui nous donnent de temps à autre du pain, du café, de l'eau-de-vie et du tabac, ce qui adoucit un peu notre malheureux sort.

J'ai pour compagnons de captivité l'instituteur de Villevaudé près Clay, et l'instituteur de Baillon près Luzarches avec lesquels je passe mes longues journées, à parler de nos infortunes et de la triste position de nos femmes qui ne peuvent pas savoir où nous sommes. Ce qui nous fait penser qu'elles n'en ont aucune connaissance, c'est que nous avons écrit plusieurs lettres et que nous ne recevons aucune nouvelle. Pour moi j'ai écrit à M. le Maire de Montmorency, le 23 Décembre 1870, et à M. le Curé de Soisy, le 7 Janvier 1871, et je n'ai aucune réponse; les lettres que nous écrivions devaient être ouvertes et non cachetées ;on les donnait aux geôliers Français qui nous demandaient dix centimes pour l'affranchissement; les dix centimes restaient dans leur poche, et les lettres ne partaient pas; nous l'avons su par la femme de l'instituteur de Villevaudé qui est venue surprendre son mari à la prison; celui-ci lui avait écrit trois fois et elle n'avait rien reçu; pour la lettre que j'ai envoyée à M. le Curé de Soisy, elle est arrivée à son adresse parce que je l'ai remise au caporal du poste Prussien qui l'a mise à la poste, sans me demander les dix centimes que les geôliers demandaient.

Je ne savais que penser, ma pauvre femme est-elle malade ou maltraitée par nos ennemis? quelle triste position que d'être séparé aussi violemment de l'objet de ses plus tendres affections et de ne pouvoir communiquer ensemble ! Nous n'avons de consolation que dans la prière, aussi nous adressons-nous souvent à Dieu; nous formons dés vœux pour qu'il n'arrive rien de fâcheux à nos femmes, à nos enfants, à nos parents et à nos propriétés. Tous les Dimanches, nous avons la messe, comme je l'ai dit plus haut; c'est encore là que nous élevons notre âme à Dieu en unissant nos prières à celles de l'aumônier; qui sait aussi nous adresser des paroles de consolation.

Nous avons tous les jours la visite d'un officier Prussien qui vient faire l'appel des prisonniers de guerre; il arrive tous les jours des soldats Français, des civils, des maires et des adjoints; il en part tous les jours pour la Prusse. Les civils sont presque tous arrêtés comme je l'ai été, le plus innocemment du monde; de plus ils sont considérés comme Espions ou Francs-tireurs, et beaucoup de ceux-là sont expédiés pour la Prusse; enfin, mes compagnons et moi nous nous trouvons encore heureux d'être restés à Soissons, car nous avons l'espoir que l'armée Française viendra nous délivrer, nous donner des armes pour pouvoir nous venger de nos ennemis, les chasser du sol de la patrie qu'ils n'auraient jamais dû fouler, et faire retomber sur eux nos douleurs et les larmes que versent nos épouses chéries.

Le 14 Janvier j'ai reçu des nouvelles de ma femme par un prisonnier venant d'Enghien, qui me dit l'avoir vue chez le commandant de place de Montmorency. J'ai été bien heureux d'apprendre qu'elle était en bonne santé.

Le 20, le commandant de Soissons a bien voulu donner un ordre pour que nous puissions faire une promenade en dehors de la prison; nous avons commencé par les remparts de la Ville. Le 21, on nous a fait changer de linge, ce qui nous a fait plaisir et beaucoup de bien, car la vermine commençait à nous faire ce que font les Prussiens pour notre territoire, à nous envahir; ma chemise est pourrie entièrement; ma culotte ne tient presque plus, je l'ai raccommodée le mieux que j'ai pu avec du fil que les prisonniers civils m'ont donné. En parlant des prisonniers civils, il faut vivre avec eux pour connaître tout ce qu'ils sont capables de faire pour se procurer ce que la prison leur refuse; ainsi, pour avoir du tabac, ils nous vendent leur pain, leur soupe et leur viande du Dimanche; quand ils ont du tabac, ils le chiquent, puis le font sécher pour le fumer. Moi, je fais de même quand je peux avoir du tabac (jusqu'à présent je n'en ai pas encore manqué), mais je ne vends pas mes vivres, je n'en ai pas assez, les prisonniers de guerre. ont droit, avec de l'argent, de se procurer tout ce qui leur manque; pain blanc, vin, viande et tabac; enfin, avec de l'argent on ne manque de rien; moi, je ne suis pas de même, je manque de tout; et puis le silence de ma femme qui doit verser bien des larmes me rend bien malheureux, je ne fais que penser à elle; mes lettres ne lui sont pas parvenues, sans doute, car elle ne me laisserait pas dans le besoin où je me trouve, et elle est peut-être encore plus malheureuse que moi; la souffrance, la misère, les insultes des Prussiens, enfin, quand je pense à tout ce que peut souffrir une femme dans ce temps de calamités, je n'ai plus la tête à moi. Je demande à Dieu de me faire mourir; et voyant qu'il n'exauce pas ma triste demande, je rentre en moi-même, et je me dis que si le bon Dieu ne veut pas que je meure, c'est qu'il ne m'abandonnera pas, que je retrouverai à mon retour ma femme en bonne santé, et puis que je serai un jour plus heureux.

Les geôliers nous prêtent quelquefois, quand ils sont bien disposés, mais cela n'arrive pas souvent, des livres dans lesquels je trouve de consolations; dans l'un, j'ai trouvé une prière que j'ai copiée, et dont voici le texte: *Notre père qui êtes dans les cieux, mon unique refuge. quand tout le monde m'abandonne, vous mon Dieu, vous ne m'abandonnerez pas; vous aurez pitié de moi, vous m'avez toujours secouru dans ma détresse, venez à mon aide. Rendez-moi la liberté, ne me laissez pas mourir en prison, et ramenez-moi dans les bras de ma femme, Ainsi-soit-il.* Et quand j'ai fait cette prière, je me sens plus heureux, je m'endors tranquillement en pensant que Dieu et les autorités de Montmorency n'abandonneront pas ma pauvre femme et qu'ils lui viendront en aide jusqu'à mon retour, lequel, je le crois, ne sera pas bien long.

Le 23, promenade sur les remparts; le 24, promenade dans la ville, où j'ai fait une trouvaille qui m'a fait plus de plaisir, pour le moment, que si j'avais trouvé de l'argent: c'était un éclat de peigne, qui m'a été très-utile, car depuis le 18 Décembre m'a tête n'avait pas reçu sa visite quotidienne de propreté; pas un de nous n'avait de peigne; donc ce débri nous a rendu de grands services; en prison, on ne s'en sert pas, attendu que les prisonniers civils ont toujours les cheveux ras. Nos promenades se font accompagnées d'une escouade de soldats Prussiens qui ont toujours le fusil chargé. Les 25, 26, 27, 28, 29 et 30, promenade sur les remparts et dans la ville. Voici quelques détails sur Soissons: La ville se trouve dans un fond, elle est entourée de montagnes de toutes parts, sur lesquelles les Prussiens avaient établi leurs batteries pour bombarder la ville. Le siége a duré trois jours, les 12, 13 et 14 Novembre 1870; la ville, malgré ses bonnes et solides murailles, ses canons, ses munitions de guerre et sa grande provision de vivres, a été forcée de se rendre et d'ouvrir ses portes pour la seconde fois à l'étranger (Je dis la seconde fois, parce qu'en 1815 le même bombardement a eu lieu aux mêmes endroits.) qui envahissait le sol Français, et détruisait tout sur son passage. Les faubourgs de Soissons, excepté le faubourg St Vast, sont totalement détruits; les dégats dans la ville sont considérables. L'Eglise St Jean des Vignes construite vers le XIe siècle, a été détruite en 1815, il n'en reste plus que le portail surmonté de deux belles flèches d'inégale hauteur, et qu'on a conservées jusqu'à ce jour comme monument d'art. L'hôpital général, la maison de correction et le couvent de Ste Croix, qui vient d'être construit, sont presque totalament détruits; on compte un million et demi pour les réparations. Les maisons particulières ont eu beaucoup à souffrir; on ne voit partout que traces de bombes et de boulets, la ruine et la misère partout! La ville n'est pas bien jolie, les rues sont mal percées, les maisons sont bâties en pierre de taille; la prison se trouve sur la place du marché ainsi que le théâtre, triste rapprochement de la douleur avec la folie. L'Église St Léger, la Cathédrale bâtie vers le XIe siècle, basilique curieuse et bien conservée; la caserne, le séminaire, et l'arquebuse qui doit sa fondation à M. le maréchal d'Estrée, en 1658, ont peu souffert du bombardement. L'hôtel-de-ville est un grand bâtiment moderne, dans la cour duquel se trouve la statue de M. Paillet, avocat de Paris et enfant du pays, voilà ce qu'il y a de curieux à voir dans Soissons. Il y a des fontaines dans les rues et une sur la place du marché dont l'eau est très-bonne. Pour ceux qui ont soif, il y a une tasse en fer qui est attachée par une chaine de même métal à chaque fontaine.

Le 30, on a fait étamer nos cuillères, elles en avaient vraiment besoin; car, pour les rendre propres, nous étions obligés de les nettoyer avec du sable. Le 31, promenade dans la ville, on nous a fait cadeau de tabac à fumer et à priser. En parlant de tabac, on ne peut pas faire un pas dans la ville sans en voir des marchands; les épiciers, les marchands de rouennerie et même les marchands de nouveauté en vendent dans les rues, sur des tables, sur des brouettes et dans des paniers à la main; ils le vendent 1^f, 1^f50 et 2^f la livre. Notre promenade ce jour-là s'est prolongée plus que d'habitude; nous avons été au faubourg St Vast, qui se trouve de l'autre côté de la rivière de l'Aisne que l'on traverse sur un beau pont qui n'a aucunement souffert de l'invasion étrangère; les trottoirs du pont sont en marbre noir. Les camarades qui avaient de l'argent nous ont régalé d'eau-de-vie, ce qui nous a fait beaucoup de bien. Le 1er Février nous avons adressé au commandant de place une demande de mise en liberté; nous ne savons pas si nous réussirons. Nous partons nous promener sur les remparts; nous avons rapporté des éclats d'obus comme souvenir de notre captivité; en revenant nous avons appris que les Prussiens allaient faire sauter les murs de la ville le lendemain. Nous sommes dans l'inquiétude de savoir comment l'explosion se fera; si en sautant, ils pouvaient faire sauter la prison, nous pourrions peut-être nous sauver; mais il n'en a rien été, ç'a été une fausse alerte; le 2, promenade extérieure et intérieure. Les Prussiens enlèvent les canons de la ville; on suppose qu'ils les emportent en Prusse. Le 3, départ de l'instituteur de Villevaudé. Le 4, nous avons changé de linge. Le 5, à six heures du soir, le guetteur de la tour de la cathédrale sonne le tocsin pour annoncer un incendie, qui heureusement a été de courte durée. Le 6, promenade dans la ville; nous avons vu des affiches et trouvé des journaux qui nous annoncent que les élections vont avoir lieu Mercredi prochain 8. Que ce soit pour le bonheur de la France et pour notre mise en liberté; que nous puissions bientôt revoir nos familles, nos femmes, nos enfants et nos amis; nous demandons tous les jours à Dieu la paix et le départ de l'étranger du sol de la patrie, qu'il nous délivre de la présence de nos gardiens Français qui ne sont Français que de nom. Ils ne savent que faire pour nous faire souffrir tous les jours de nouveaux tourments et de nouvelles vexations; on dirait qu'ils sont payés par les Prussiens pour nous faire du mal. Le 7, il est arrivé un compagnon de captivité venant de St Denis; il nous fait espérer que le moment de notre délivrance est proche et que nous serons bientôt libres. Le 8, départ de l'instituteur de Baillon. Le 10, nouveaux tourments de la part des gardiens, à cause de deux oreilles de gamelle qui se sont trouvées cassées; ils ont voulu savoir qui les avait cassées; ils nous ont menacés du cachot si nous ne désignions pas le coupable; personne ne le connaît; ils ont voulu interdir nos jeux, car malgré nos misères nous nous amusons à jouer; l'un de nous a acheté un jeu de cartes, nous avons aussi un jeu de dames que nous avons fait sur sur une feuille de papier; les pions sont faits avec de la mie de pain et du cuir de vieux souliers. ils ont voulu saisir nos jeux, mais ils n'ont pu y parvenir, et puis ils sont encore plus furieux a cause de nos promenades qui donnent la facilité à ceux d'entre nous qui ont de l'argent d'acheter ce dont ils ont besoin; alors ils ne peuvent plus vendre, ils avaient fait une provision de tabac et d'autres denrées dans le but de faire de grands bénéfices sur les pauvres prisonniers de guerre; ainsi ils vendaient tout, moitié plus cher que dans la ville; voici les prix de la prison et ceux de la ville.

	Prix de la prison.	Prix de la ville.
Fromage........	«ᶠ80ᶜ	«ᶠ40ᶜ
Vin le litre......	1 50	« 60
Pain blanc......	« 40	« 20
Sucre..........	1 50	« 75
Harengs (la pièce).	« 20	« 05
Tabac..........	3 «	1 «
Eau-de-vie......	5 «	2 «

Voilà comment les geôliers français faisaient rançonner les prisonniers que MM. les Prussiens conduisaient en prison. Il m'est avis qu'ils désiraient que la guerre durât le plus longtemps possible. Nous avons appris par les soldats qui nous accompagnaient dans nos promenades qu'ils recommandaient à l'officier du poste de ne nous laisser sortir que sur les remparts et de nous interdire la ville; mais les soldats, plus humains que nos geôliers, forçaient elur consigne, et tous les officiers, à l'exception d'un ou deux, ne satisfaisa.ent pas à leur demande, et nous laissaient aller où nous voulions. Le 12, départ de cinq prisonniers; nous ne restons plus qu'à cinq, car nous devions rester jusqu'à la fin de la guerre. Le 17, promenade sur les remparts où nous avons assisté au déchargement des bombes et de la poudrière chargées sur des voitures de réquisition; les bombes, les boulets et la poudre doivent partir en Prusse. A notre retour de la promenade nous avons fait la rencontre d'un agent de police Français qui nous a fait plaisir en nous apprenant que le temps de notre délivrance était proche. Le 18, en revenant de notre promenade, nous avons traversé le marché, les marchands nous ont donné du tabac à fumer et à priser et des pommes. Le 21, grande promenade sur les remparts et dans la ville, bien triste comparativement aux années précédentes, pour un jour de mardi gras. L'année dernière encore je me trouvais à Paris avec ma femme pour voir défiler le cortége du bœuf gras, la gaîté et l'allégresse régnaient partout: aujourd'hui que de tristesse, que de larmes et de misère! Espérons que nos malheurs finiront bientôt et que le soleil du printemps viendra sécher nos larmes. Le 22, à dix heures du matin, les prisonniers Prussiens nous ont donné après notre mauvaise soupe, une grande gamelle de petits pois; ils nous ont paru bien bons quoique ne valant pas grand chose, car depuis si longtemps que nous ne mangeons que de la mauvaise soupe, nous les avons trouvés excellents et nous avons fait un bon diner; puis pour faire notre digestion, nous sommes allés nous promener dans la ville. Le 24, grande et bonne promenade, nous étions quatre comme d'habitude, nous n'étions plus que cinq depuis le 12, et le cinquième ne sortait que rarement; nous n'avons par extraordinaire qu'un soldat pour nous conduire et encore n'a-t-il pas de fusil; ce qui nous est de bon augure. Au faubourg St Vast, on nous a fait cadeau d'un fromage pour nous quatre, chacun un verre de vin et un paquet de tabac, ce qui m'a fait beaucoup de plaisir, car depuis que je suis prisonnier je n'ai pas encore bu de vin; comme c'est l'anniversaire de ma naissance, ça m'a fait faire une petite fête que je regrette bien de ne pouvoir faire avec ma femme qui doit bien s'ennuyer. Le sergent major du poste nous a dit que l'on devait tenir conseil pour notre mise en liberté; nous attendons avec anxiété le résultat de leur délibération, car nous ne savons rien de ce qui se passe en dehors de Soissons.

La guerre se continue-t-elle toujours ! la paix est-elle signée! nous ne pouvons rien savoir, nous sommes tout à fait dans l'ignorance et dans l'oubli. Ah ! quand cela changera-t-il, quand donc serons-nous rendus à la Société ?

Un incident est arrivé dans notre promenade, notre conducteur qui est un très-bon garçon a failli être victime de sa bonté. En arrivant près du port, la sentinelle veut nous faire retourner sur nos pas, disant que c'est l'ordre du commandant; mais notre conducteur ne veut pas et force la sentinelle à nous livrer passage, pour continuer notre promenade. Le 26, belle promenade en dehors des remparts, du côté de la rivière; la vallée est très-belle, le revers des montagnes est couvert de villages et de nombreuses fabriques de sucre de betteraves, nous étions heureux d'admirer les beautés de la nature; mais combien plus nous l'aurions été si nous avions eu notre liberté. En revenant nous avons fait la rencontre de l'agent de police que nous avions déjà vu une fois, il nous a dit que la paix était signée et que nous ne tarderions pas à être mis en liberté, il a ajouté que quand nous entendrions le tambour Français, peut-être demain matin, car il espérait que la dépêche arriverait cette nuit, ce serait le terme de nos souffrances. Le 26, nous allons malgré la pluie nous promener sur les remparts, (car les remparts sont proches de la prison) lorsque tout à coup, le soleil se fait passage au travers des nuages; la pluie tombe fine et un arc-en-ciel se forme resplendissant de ses plus vives couleurs. Quoique le tambour n'ait pas encore battu, j'ai le pressentiment de notre délivrance; j'en fais la remarque à mes camarades en leur disant que cet arc est pour moi un signe de liberté.

En effet, le lendemain 27, à onze heures du matin, nous entendons le tambour, nous sommes heureux, nous sautons, nous dansons, nous chantons, nous nous embrassons, enfin nous sommes fous de plaisir, de joie et de bonheur, et aussitôt M. Dumoustier, geôlier en chef, vient nous dire que les préliminaires de la paix sont signés et que nous sommes libres. Je lui dis s'il voulait bien demander à l'officier du poste qu'il nous fasse donner, par M. le Commandant, un congé de sortie de prison; il me répond que cela n'est pas nécessaire, attendu que pas un de tous les prisonniers n'en a demandé. Je lui réponds que s'il ne veut pas avoir la bonté de nous en faire avoir, j'irais moi-même en demander à M. le Commandant. Il ne me répond pas, mais à midi un officier Prussien nous apporte une feuille de papier sur laquelle M. le Commandant a écrit en Allemand pourquoi et comment nous étions en prison; enfin, cet officier nous ouvre les portes de la prison en nous disant: Mossié vous êtes libres, Mossié vous, aller chez vous.— Nous nous échappons de la prison comme les petits oiseaux qui trouvent la porte de leur cage ouverte. Nous voilà dans la rue, libres, sans garde, sans escorte. Enfin, nous sommes heureux, nous allons revoir nos familles, nos femmes, nos enfants et nos amis; vous allons reprendre nos habitudes et nos travaux. Nous ne pensons plus à notre misère et pourtant nous ne sommes pas encore au bout de nos peines; nous avons 25 lieues à faire à pied sans pain, sans argent, et la plupart d'entre nous en sabots. Que de souffrances et de fatigues à endurer ! Mais nous ne pensons pas à tout cela, tant nous sommes contents de nous voir libres.

Soissons, le 27 Février 1871.

Paul LECLAIRE.

Épilogue.

Nous sortons de Soissons à un heure de l'après-midi, nous sommes trois pour la même route: un de Gonesse, l'autre d'Enghien et moi de Soisy; mes deux camarades sont chaussés de sabots; moi j'ai de bons souliers, et aucun de nous ne craint les fatigues de la route; mais nous comptons sans nos forces, nous avons six lieues à faire pour arriver à Villers-Coterets, et mon camarade d'Enghien est obligé de faire la moitié de la route ses sabots à la main; moi je suis obligé de retirer mes bas à cause de nombreuses ampoules qui me font souffrir horriblement; et puis la soif nous dévore et nous ne trouvons pas la moindre goutte d'eau pour étancher notre soif.

Enfin, nous arrivons à Villers-Coterets où nous trouvons la fontaine de Diane; nous apaisons notre soif, et nous continuons notre route jusqu'à un petit hameau qui se nomme Claire-Fontaine. Il est huit heures du soir, j'aperçois de la lumière à une fenêtre, je frappe, on nous ouvre, et je demande qu'on ait la bonté de bien vouloir nous donner un verre d'eau; on nous donne un pot de cidre et un morceau de pain, et nous continuons notre chemin, car nous sommes décidés à marcher toute la nuit; nous marchons peut-être encore deux heures, la fatigue nous force de nous reposer dans une grotte de cantonnier. Mes camarades s'endorment; moi, je ne peux pas dormir, et au bout d'une demi-heure, je les réveille en leur disant qu'il faut repartir et marcher comme nous pourrons, car le sommeil en pareil cas c'est la mort. Ils veulent rester encore pour se reposer; comme ils sont deux, je les abandonne à leur triste sort, et je me remets en marche en me recommandant à Dieu. J'arrive à Nanteuil-le-Haudoin. Minuit sonne, je trouve encore de la lumière, je frappe et j'entre, car la porte était ouverte; je vois deux hommes qui étaient à table et à moitié ivres; je les prie de bien vouloir me donner un peu d'eau, ils m'offrent un verre de vin que je bois avec plaisir, ils me proposent de coucher avec eux, je les remercie de leur bonté et je me remets en route pour Dammartin que je traverse sans encombre. J'arrive à la pointe du jour au Mesnil-Amelot, entre Soissons et Villers-Coterets. J'avais trouvé sur la route un petit sou, il devait être pour moi d'un grand secours, car au premier marchand de vin que je vis ouvert j'entre et je demande pour un sou d'eau-de-vie. Il y avait là déjà des hommes qui buvaient la goutte; ayant appris que je sortais de prison, ils m'ont fait remettre mon sou dans ma poche, ont payé pour moi, et m'ont donné un petit pain; cela a réparé un peu mes forces et j'ai pu continuer ma route jusqu'à Gonesse où je dépense mon sou; là, encore des consommateurs font remplir mon verre et me donnent du pain et du fromage, enfin j'arrive à Villiers-le-Bel où j'ai déjeuné chez M. Boby, mon ancien boulanger, et je me remets en route pour Montmorency; mais en chemin que de pensées m'agitent, vais-je retrouver ma femme? je n'ose me rendre directement chez moi. Je crains, j'ai peur de ne plus trouver l'objet de mes plus tendres affections, car pour moi ma femme c'est tout. Toutes les peines que j'ai éprouvées et la perte de mes propriétés ne sont rien, si je ne retrouve pas ma compagne chérie. J'arrive chez mon patron, M. Amable, qui me donne une grande joie au cœur en m'apprenant que ma femme est en bonne santé. Il a la bonté d'envoyer un de ses enfants dire à ma femme que je suis arrivé, et un instant après nous sommes réunis, dans les bras de l'un de l'autre, sans pouvoir nous dire une seule parole, tant la joie et le bonheur nous avaient saisis. Enfin, nous voilà réunis, nous sommes heureux. Nous remercions Dieu et les autorités de Montmorency.

J'oublie maintenant toutes mes souffrances.

Soisy, 28 Février 1871.

Paul LECLAIRE.

Traduction de mon congé de prison.

Le porteur de la présente, le Français LECLAIRE, qui, sur la réquisition de la 7me Division d'Infanterie Royale, fut interné ici, le 21 Décembre de l'année précédente, étant soupçonné de manœuvres contre les militaires Prussiens, sera relaxé immédiatement.

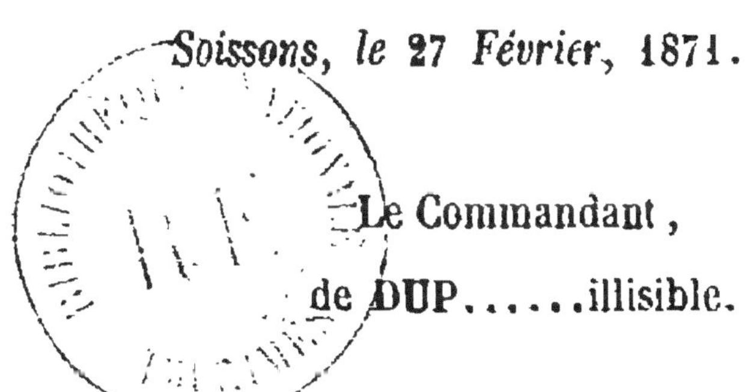

Soissons, le 27 Février, 1871.

Le Commandant,

de DUP......illisible.

LANDWEHR DE BRANDEBOURG

8me RÉGIMENT.

FIN

www.ingramcontent.com/pod-product-compliance
Lightning Source LLC
Chambersburg PA
CBHW061759060726
47597CB00007B/3031